타이피스트 시인선 012

너의 지옥으로 사뿐사뿐

김하늘

타이피스트

시인의 말

우리는 활자에 갇힌 망령이어서,
당신이 나를 읽어 준다면 나는 나비가 되지
너의 지옥에 놀러 갈게.

2025년 11월
김하늘

차례

1부

이것은 우리의 존재통	13
우리는 자라서 무엇이 되었다	15
신생아의 골격	19
그날은 대설주의보가 내렸다	20
불발된 이야기들	22
내 고독은 미학이어서	24
프러시안블루	27
잃거나 구원하거나	30
나의 소우주	32
우울한 노동자	34
십 원짜리 인생	38
70분만 기다려 줘	39
우리에게 할당된 쁨	42

2부

47	난 연민 그 자체야
51	너의 체취를 사랑해
54	부화하는 겨울에게
56	눈이 오면 핑계가 필요하지
57	나는 비참해질 필요가 있어요
60	Pit a pat
63	나의 우울이 가치 있기를
66	미물
69	항상 어떻게 살아야 하는 건지

3부

겨울의 기분	73
NEAR AND DEAR	75
그냥 나열되는 우리	78
미숙한 겨울밤	82
싸구려 커피	84
몽상가의 흔해 빠진 사랑 타령	86
내 사랑은 고딕체예요	88
발랄한 유언	90
여분의 고백	92
Unhappy bitch	96

4부

101	가장 짜릿한 형태의 우울
104	오늘 나를 사겠어요?
107	이상한 결핍
110	갱신할 사랑이 없습니다
113	고전적 잉여
116	때로는 사려 깊은
118	Impersonality
120	미드나잇
122	취급 주의
124	루시드 드리머
127	나쁜 꿈
129	SOO

131 산문_편의점에서 구원도 팔았으면 좋겠어

1부

이것은 우리의 존재통

 툭하면 죽겠다던 마음에는 갈피갈피 네가 살아서. 코밑으로 기억하는 너의 숨을 영원히 영원히 맡고 싶어. 나는 때때로 젊은 산모처럼 너를 낳았다가 너를 죽였다가. 내가 낳은 네 발등에 키스를 했다가 전전긍긍 나쁜 계획을 세웠다가. 이따금 무기질 상태가 되어 버린 그리움에는 너의 그 물활론적 사려가 남아 있어. 따뜻해. 심지어 따끔해. 이건 내가 써 내려갈 신화여서, 몇백 쌍의 달이 뜨고 지는 동안 놓지 못하는 욕망이 있어. 자, 그럼 우리 이제 나비 숲으로 떠나자. 잠든 너의 손을 잡아끌고 가야만 하는 곳. 온몸으로 두근거리는 밤이 올 거야. 어둠 속에서 너를 상상하는 일, 그건 마치 빛을 상상하는 일, 소리 없이 열이 오르는 그 순간에도 우리는 달려가. 파손의 우려가 있습니다, 조금은 신중하게 다뤄 주길, 지금은 서로 다르게 기억되는 우리의 역사. 나는 너의 찌꺼기가 되어 너를 점령하고 너를 연주하고, 그것은 라파파팜— 라파파팜. 가슴을 열면 쏟아지는 나비 떼처럼. 젖은 글씨로 글썽이는 낡은 번역본처럼. 우리는 저마다의 정서적 기형을 지니고 있어서, 그저 자기만의 어항에서 뻐끔뻐끔 호흡할 뿐. 나는 이제 거기가 어딘지 몰라, 옷 속까지 시린 계절이었다는 그날의 편지를 읽고도. 내 기록에는 온도가 있어서, 그것이 너의 서사가 된다면. 이 불수의적인 사랑에 이름을 붙인다면, 아니, 이것은 사랑이라고 불렸던 실체 없는 설화. 어쩌면 나는 네게서 추방된 너의 한계. 그래서 나로 존재하기라는 지옥. 나는 그것을 영영 알지. love, everything else? 어쩌면 너라는 망상. 너라는 개연성으로.

우리는 자라서 무엇이 되었다

해 뜨고 눈뜨면 죽을 궁리만 하던 친구들은
서울로 취업을 하고, 애를 낳고, 주님을 만났다
아니, 납골당에도 있다

스스로 존재하길 관둔 선택지였고,
초라한 장례식이었고,
그 애의 깊은 잠을 지키는 건
나만 할 수 있는 일이었다
편지, 일기, 가계부, 유서 같은 것들을 쓰면서
마저 사랑할 것이 남았나
거듭 확인하면서

곧 우울한 마음이 들어도
빈둥빈둥 시시하게 살지는 말라던 당부

그렇게 꾸밈없는 연민을 느꼈던 우리는
평생 그리울 얼음 위를 걸었다
녹은 치즈처럼 추잡하게 엉겨 붙어 왈츠를 췄고
값싼 보드카를 구하느라 거리를 쏘다녔다

블랙 유머 따위를 주고받는 사이는 좋아, 하지만
너라는 미지는 흰빛으로 타오르는 곳이어서
내 두 발목을 잘라
마른 걸음으로 도망쳤다
비겁했다

춤을 추며 돌아오랬지, 모든 게 진창이 되어도 좋으니까

그날 그렇게 네가 이른 생을 마감할 때
그날 그렇게 내가 미친 생을 번역할 때
나는,
그 어떤 마음도 보존하지 않음으로 나만 지켰고
온몸이 찢어져 죽은 천사를 떠올렸고
무릎을 오므려 세상을 좁혔다
딱 납골당만 한 크기로
제법 아늑해,
너 없는 세상 이 정도면 됐지

그래, 그때 우리는 그저 허접한 암호를 만들어

이런 꾀죄죄한 시나 쓰려고 했다

함께,
문학과 낭만과 염병할 그 뭔가를 꿈꿨다
짐승 같은 사유를 했다
양심 없이 네 곁에서 망가지는 게 좋았다
돌이켜 보면 누구도 죄를 짓지 않았고
자나팜 없이도 살아졌다

그렇다고
막 갑자기 생이 어여쁠 수는 없고
내 드라마는 영원히 네가 아는 결말로 끝나
나는 이제 디스토피아를 믿지 않고
너는 분분한 뼛가루
건강한 영혼만 구원받는다던 소식은 들었니?

모두가 한편을 먹고 나를 혼자 둔 것 같아
그건 알아서 자멸하란 말이지

역시 조금 슬프게 지내고 있어

신생아의 골격

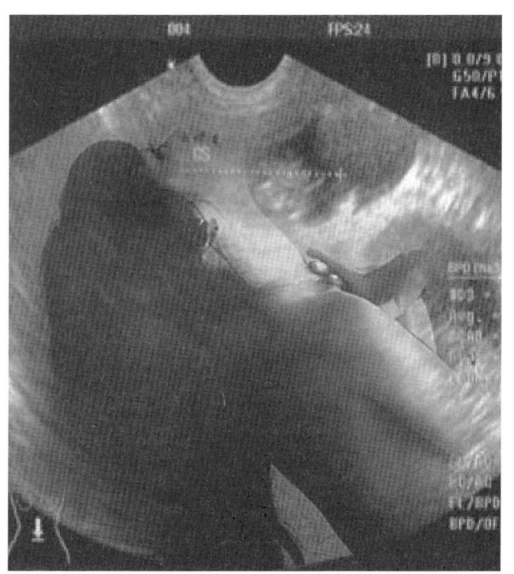

밤
비
신
드
롬,

그날은 대설주의보가 내렸다

 너는 대설주의보만 내리면 퇴근길에 편의점에서 파는 뜨거운 고구마를 사 오곤 했어. 그것은 말도 안 되게 무심한 너에게 주어진, 유일한 임무인 것만 같았지. 가끔 둘이서 아름다운 이인무를 보러 가거나 계획 없이 삿포로로 떠나기는 했어도, 우리가 가장 비밀스러워질 때는 역시 이불 속에서 고구마 하나를 나눠 먹으며 대수롭지 않은 대화를 주고받을 때였으니까. 그래서 나는 이런 글을 쓰고 있는 게 아직도 믿어지지 않아. 너는 마치 나를 영원한 폭설 속에 남겨 둘 심산으로 태연하게 너의 생을 마감했어. 딱히 부질없다거나 가엾다는 생각은 하지 않지만. 영원히 묻지 못할 안부를 물으며 살아가는 기분이 그렇게 유쾌하진 않아. 한동안은 끊임없이 몸속의 것을 내뱉기 위해 목구멍에 손가락을 있는 힘껏 집어넣었어. 더 이상 게워 낼 게 없어지고서야 결국 눈치 없이 너에게 하지 못한 말들만 하얀 화면에 쏟아 내는 거야. 너는 그런 식으로 편안해져서는 안 되는 거였는데. 혼자서 하는 원망은 뭔가 부자연스럽다. 둘이었을 때도 좀처럼 그럴 일은 없었지만. 여전히 그 편의점을 피해 걷고, 비난이 가득한 마음을 잘 감추려고 노력하곤 해. 미끄러운 눈길은 언제나 불편하고,

막연한 감상에 빠지는 '온통 너뿐인 겨울'이 싫어. 한 해를 마무리하는 다이어리에는 '내년에도 죽지 않기' 같은 것들을 결심해야 하는 내가 싫어. 용기가 없어서 다행일지도. 잊을 만하면 대설주의보가 내리는 이 도시에서 나는 언제까지 너를 추궁할 수 있나. 그런 격렬한 기분을 느껴 본 지도 너무 오래된 것 같아. 이제는 좀 평온했으면 좋겠어. 아침이 오면 사라지는 근심 같은 거였으면 좋겠어, 네가.

눈이 쌓이는 소리는 언제쯤 자장가가 될까.

불발된 이야기들

알아,
뇌가 두근거리는 순간들
뺨과 뺨 사이의 온도
우리의 시간이 불발되고 있다는 것을

노골적으로 고백할 시간이 왔어
무질서한 내 세계를 구원하러 온 네게
비천한 사랑도 난 좋아
미치지 않았다면 더 정확하게 말해 줄까
나는 자꾸만 허무해지는 당신을 사랑해
골반에 있는 그 사마귀를 사랑해
흔들리는 눈썹에 입을 맞추고
기쁘게 죽어 가는 것들을 사랑해

아무렇게나 뒹구는 콜라병처럼
이리저리 섞이는 나체들
우리는 야생동물처럼 물고 뜯고 핥고 울부짖으며
농염한 인생만을 소모하기 위해 절규하고
여기가 지옥의 변방이라고 누구라도 말해 줬으면,

사라지는 것은 살아왔던 것이 될 텐데

모든 것을
증오의 힘으로 살아 냈다고,
네가 속삭여 줄 때 나는 가장 빛나

아, 내가 사랑하는 불가해한 사람!

오늘도 네 무릎에서 까무룩 잠이 들어
온 세상 인간이 사라지는 꿈을 꾸겠지
사실 난 그게 좋아

내 고독은 미학이어서

[국제 발신]
당신은제메시지를받았나요?
왜답장을하지않나요?
제가당신을방문해도될까요?
LINE추가해서회신부탁드려요
hlo36

인간의 외로움을 건드려서
이익을 내고 사기를 치는 세상이라니
그럼 나는 이렇게 써볼까,
너는 정확히 5분 23초 뒤부터 고독해질 예정—
자궁에 있을 땐 뭐 안 그랬던가
자신의 공허를 건드리면 가차 없이 예민해지는 거
그거 그냥 우울한 사람들 습관이에요

요즘은 인간을 알아 가는 것부터가 지옥이야, 지옥.

나도 아는 지옥이 하나 있는데,
거기서 나는 너와 앙상한 사랑을 했어

그런 사랑은 보통 어느 한쪽이 버텨야 하는 법인데
너를 탓하는 건 아니고
어떤 순간에도 몰이해한 상황은 오니까
엉터리 일기예보처럼 이랬다가 저랬다가
그 무질서한 세계에서 너는 찬란하다가도 울 것 같았어
그게 내내 꿈같았지

같은 기질을 타고난 운명이라면
탁한 소나기 너머로도 서로의 온기를 알아봐
여리고
소슬하게
말썽 없이
고독이 낙하한다

인생이 늘 아이슬란드의 운 좋은 밤은 아니니까
나는 그저 이곳에서
타르 같은 외로움을 위해 기도해
<u>19초가 흐르고</u>
몸에서 경탄하는 이 쓸쓸한 불순물

내 고독은 미학이어서,
네가 그것을 좋아할 거라고 약속해

프러시안블루°

고백을 하고 싶어 최소 10년짜리 고백일 것이다 이게 내 마음의 기본값이야 그림자가 흔들리면 마음이 간지럽고, 마음이 간지러우면, 고상하게 담배를 피웠던 너, I LOVE YOU 두뇌가 젖은 헛소리만 골라서 해볼까 왕관을 바치는 토끼처럼 우리는 열렬히 서로를 원하기에 쓸데없이 미스터리한 인간

우리는 서로를 해칠 수 있잖아
히스테릭한 사이엔 그럴 수 있지

나는 넥타이 맨 사람이 좋더라, 왜 난 바람이 불어서 좋은데 당신은 가끔 테러리스트 같아 나를 망치기 위해 온 사람 아니, 너는 샐러드야 잠깐만, 인간은 이렇게 포옹한다는 걸 잊고 살았네

삼각형 안에서만 너를 잃어버리는 꿈,
그래서 세모인 사랑— 불안의 딸들이 하는 사랑—
서로에게 부여하는 슬픔이라서
머리로는 알 수 없는 마음이 여기 있어

나는 인간에 불과하므로 사랑이란 환상을 좇아
체념의 자세
영원히 산 것 같은 사이가 되어, 정들 때쯤 헤어지자

너는 나의 프러시안블루! 나를 초월하는 달콤함을 너에게 선물하고 싶어 너의 근접점으로 가는 길, 지독한 훈수를 견디면서 미련에 도취된 사람들

밤을 기다리고,
핏빛 손수건을 찾아가는 시간
그걸 곧잘 잊어버려

오만 생각이 다 떠올라도, 모든 게 미완성인데, 어머! 그런 편이 이별하기에 좋아서, 순탄했던 삶을 야금야금 좀먹으며, 우리는 우울한 포옹을 한다, 진심으로 사랑을 섬겼던 시간들을 기억하기에

엎드려 우는 습관은 예쁘지 않잖아
너무 달고 녹지 않는 사탕은 버리고 싶어

죄가 되는 미래는 상상하지 않아

모두가 고작 인간이니까

이 이상의 감미로운 마음을 가져선 안 돼

부디 서로를 상하게 하지 말자

쇼팽을 듣자

그것이 우리의 알리바이야

° 프러시안블루는 진한 파란색의 합성염료로 방사성 세슘 및 탈륨 중독 시 해독제로 사용되는 약물이다. 현재 독일과 미국 등에서 의학적 용도로 승인되어 있으며, 국내에서 허가받은 의약품은 없다.

잃거나 구원하거나

 끝없는 극야를 헤매는 사이, 나는 네 눈빛에 농락당하고 싶어. 마드모아젤? 여자로 사는 건 어때. **뭐가 됐든 사는 건 좆같아.** "Being woman sucks." 꼬리가 있는 건 어떤 느낌일까. 그런 생각을 하다가 너에게 사하라 은빛 개미를 선물했지. 사실은 술 마시고 놀다가 캠핑카에 네가 치였어. 하지만 너는 깔깔 웃었지, 재미있어서. **인류가 뭐 그렇게 대단해?** 나는 도통 모르겠어. 그것보단 달걀을 배달하는 요정이 훨씬 귀엽지. 사랑 같은 거, 싸구려 모텔에서 누런 벽지를 보며 엎드린 여자들, 알몸으로 파도를 불사르며 걸어가는 용기 같은 거, 팜플로나로 돌아가 다시 순례길을 떠나는 것도 모두 그대들의 다잉 메시지. 그리고 남는 건 **소멸**. 그러니까 아직 아무 일도 일어나지 않았으니까, 셀랍을 넣은 터키 아이스크림이나 먹자고! 그리고 내일은 내 마음을 살해할 거야. 자기 자신을 미워할 때도 **성의 있게**. 해봐.

 그래서 끝없이 **추방당하는 신이 있다는 걸 아니?** 빛으로 오고, 공기로 오고, 새의 목구멍으로 오는 것. 거대한 꿈에는 나도 있고 너도 있지만. 가장 저점인 곳에는 타락한 신이 있대. 그래서 크리스마스가 오지 않은 거야? 검은 바다로 순환하는 피의 흐름. **우리는 명랑했는데,** 조용히 대화했는데, 꽃송이가 가득했는데. 납처럼 무거운 삶도 살아 볼까 했는데. **거짓말이야.** 비밀을 뒤섞는 카드 패처럼 살아왔잖아. 정말 모르겠어, 올리브 나무를 심고 싶어. 나무의 그림자로 탄생하고 싶어. **쉬지 않고 불행해서 시를 썼는데.** 우리는 어두운 바다에 기생하는 존재였네. 너를 발음할 수 없어졌네. 내가 버린 신에게 심장을 맡겼는데. 치유할 수 없는 건 새벽의 나비였구나. 천사를 가엾게 여기지 않을래. **뚱뚱한 우울이 자꾸만 나를 갉아먹어.** 별이나 달 같은 걸 사랑할 수 없어졌어. 잃거나 구원하거나.

나의 소우주

풋사과의 냄새가 코를 홀리는데
나의 랭보가 이 계절을 사랑하고 있어
삿된 마음들은 불로 태워 버렸어
주근깨 위로 꾸덕꾸덕 말라붙은 수박씨를
후후 분다
정서적 허기를 느낄 때
말해, 날 사랑한다고,

Dis-lui que tu m'aimes!

예를 들면 네 이름이 와타나베였으면 좋겠어
너의 어중간한 우울도 좋아
치아가 빠져도 키스는 가능해,
입안 가득 부드러운 주스를 넣어 줄게
우리는 알로그루밍°을 하며
사랑을 확인받고 싶었지

이리 와, 나랑 같이 울자

사과를 전자레인지에 데워 왔어
망가진 것을 먹자, 그게 사명이듯
응결된 우울을 조금씩 찢어발기며
기젤라 장미를 샀어
눈을 감으면
너는 나의 소우주가 된다

머리 위로 상투스가 울리는 듯해

타조 울음소리가 얼마나 예쁜지 아니
맥주와 딸기 주스를 섞은 느낌이야
광이 나는 은식기처럼,
빛나는 널,
이토록 이타적으로 사랑하길
발가벗고 잔디밭을 뛰어다닐 수 있길
말해, 날 사랑한다고,

아름답고 수줍은 것만 남기를

° 고양이들이 서로 마음을 허락한 상대에 대한 신뢰의 표현.

우울한 노동자

나는 사랑스러운 적이 없어
십이월이 오면 더욱 그렇다고 생각해
벨루가처럼 웃고 있지만,
나의 마음은 계속 쇄빙선을 타고 빙하를 가르고 있지
우주의 미아마냥 부유하지 않고서
어딘가로 빨려 들어가는 느낌
쓸쓸한 사람이 쓸쓸한 나를 겪을 때,
우리는 구체적으로 울 수 있어

설거지할까 섹스할까
기쁨을 축소시키는 말로만 하는 끝말잇기
샅샅이 나를 핥아도 좋아
이것은 근절된 사랑,
오염된 물을 마시며
우리에겐 세상을 능멸할 힘이 없었지

서재의 꽃다발은 아름답게 썩어 가는 중

그 사르트르를 닮은 식물에게서 나는 냄새가

나를 때때로 질식하게 해

골초는 염세적이라니까……
내 그럴 줄 알았어,
떼를 지어 울던 소녀들을 봤는데
누구도 서로를 동정하지 않았지
인간은 본질적으로 신뢰할 수 없다
그래서
이것은
아픈 엔딩,
괴로운데 느린 엔딩,

노골적으로 다시 생각해도
사과를 쥐어 주던 네 표정이
아직도 기억나
그게 아직도 나를 못 떠나는 이유일까
그때의 나는 좀 괜찮았을까
봐줄 만했을까
노끈에 목을 매던,

그날의 나는,
조금쯤 인간미 있던 우울한 노동자였을지도

한생이 하루 만에 끝나는 것 같아
절박할수록 죽는 게 만만찮아
가을밤에는
머릿속의 고요를 덜어 내며
어쩐지 공손해진 마음이 들어서,
나이를 묻지 않고 고개를 숙이게 된다
그럴 때마다

"나는 사랑스럽지 않아."
"너는 무심해질 수 없어."
"나는 한 번도 함박눈을 본 적 없어."
"그건 네가 허무주의자여서 그래."
"나는 습지식물 같아."
"네가 자주 울어서 그래."

이맘때쯤 여자들의 대화는

기력이 없다.
노려보지 않는다.

십 원짜리 인생

　나의 십 원짜리 인생 같은. 보라색으로 물든 혀가 자꾸만 길어져서 곤란해. 나는 계절이 흐르는 것도, 싸가지 없는 이 겨울도 좋아하지. 브랜디를 조금씩 마시며 타버린 재 덩어리를 굴리며 킬킬 웃어대고 있을 거야. 불어 사전을 들고 V로 시작되는 단어만 골라서 외우고 싶어. 앙상한 가지가 골목으로 떠밀려 가는 것처럼 휘청대고 있을 때, 누군가를 대신 기다려 줄까 봐. 나는 그 사람에게 자몽을 선물할 거야. 자몽 껍질을 까서 손에 남는 과즙으로 얼굴을 문지를 거야. 그 자몽은 무정한 자몽, 어쩌면 그리 멜랑콜리한지. 그런 날은 그냥 사타구니를 긁으며 게임이나 하겠지. 상관없어. 다만 아량을 베풀 누군가가 나를 입양해 주진 않을까. 그러다 문득문득 내 목을 그어 버리고 싶을 때, 장례전문가는 나의 고독을 알아줄까. 휴식이 영원해져야만 진정한 안식이 찾아올까. 아파서 빛이 나는 것들, 나는 그런 것들이 물푸레나무를 닮았다고 생각해. 영원히 얼어 있는 얼굴은 어딘가 조금 쓸쓸하겠지. 오늘은 니체 전집을 살 거야.

70분만 기다려 줘

그날은 밤새,
검은 비가 휘몰아쳤지
등 뒤에서 감겨 오는 치사량의 우울을
염려하지 않을 수 있는 시간
불길한 미래를 순탄하게 예감하는 것
우리가 내민 손에 쥐어진 죽은 민들레 한 송이가
몇 번이고 위안이 되지 않아

좀 쉬어 갈까
하루의 기분을 좌우하는 네 목소리
금세 빗속의 사람을 노래하며
너무 오랫동안 행복하지 못했다고,
사치가 되는 투정을 부리고,
암흑기일 뿐이라는,
운이 나빴다는,
위험하고 권태로운 속삭임
누구를 위해서도 투신하지 않기를

삶은 쉽게 지워지고,

기억하려 더듬지 않으면 희미해지는데,
우리는 너무 진딧물처럼 살았어
건강한 숙주에 기생해야만
배가 부르고 죄를 뉘우칠 수 있는 존재처럼
우리에겐 빌붙을 생명이 필요했고 종종 사색가가 되곤 하지

사는 게 취미가 되면
수월하게 웃을 수 있을 줄 알았는데
널브러진 탁자 위에
오래된 탄산수가 현대미술처럼 굴러다닌다
무화과색 립스틱도 뚜껑 없이 뒹구는데
서로의 민들레가 되어 주었던 지난날의 우리는
무성한 곳으로 표류하고 있기에
딱 몰라도 좋을 만큼만 울었다

우리는 세상이 낳은 부작용
사실 난
아무것도 하지 않으려고 태어났는데

요즘은
흔들리고 위태롭고 야하게 웃는 너를 만나
도대체 어디로 갈 거냐고 묻는다
그럼 넌 이렇게 말했지

70분만 기다려 줘

우리에게 할당된 惡

자정과 새벽의 경계가 없는 곳,
부연 눈보라가 도시에 가라앉을 때쯤
낯선 백포도주 향을 네 콧김으로 확인하고,
우리는 더 만신창이가 되기로 작정했지
모든 걸 다 털어놓을 자신이 없었기에
우리는 우리도 모르는 금기어를 만들고
한 번도 말해지지 않은 언어로 노래를 불렀어
깜깜한 식물들의 이름을 중얼거리며
나는 당신 곁에서 잠깐 잠이 들었던가
옅은 공상

커다란 시계탑이 있고,
비둘기 따위가 그곳을 온종일 맴돌았겠지만,
우리가 여기서 보는 시계탑이 세상의 전부였어
살을 맞대고 마주 앉아 용서를 구했지만,
우리는 서로에게 더 줄 실재가 없어
이제부터 우리는 죄를 지을 셈인데
이런 나에게 다정할 수 있겠어?
이따금 뺨에 닿는 네 겨드랑이 털이 좋아

죽을 때까지 이렇게 숨만 쉬고 싶어
마시고 토하는 건 아주 질려 버렸거든

술은 넘치고, 담배는 80개쯤 있고,
잘 닦인 와인 잔을 깨뜨리며,
성냥불을 그어대며,
쇼윈도에 진열된 목걸이를 훔쳐 줘
코가 망가진 구두를 신고 신나게 도망가는 사이
우물쭈물 경찰차가 도착할 테고,
그때쯤,
우리는 다시 시계탑이 보이는 이곳으로 돌아와
보드카로 샤워를 하고 레몬을 깨물어 먹지
이게 로맨틱한 거야

우리의 사담은 기도문이 되고,
시간의 경계가 없는 이곳은 앳된 어둠이 여전해
나는 그저 좀 더 나쁜 쪽으로 걸을 뿐
모두가 일 인분의 악을 공평히 갖고 살아가
그게 오늘 새벽 우리가 만든 종교가 될 거야

영원히 완결되지 않는

2부

난 연민 그 자체야
— Pour quelqu'un, c'est 김사람 시인

형, 나 이자벨을 만났어
머리 벗겨진 예언가가 말한 것처럼
발가락으로 쓴 유서가 발견됐고,
괴테가 칭찬한 팔레르모에 나 홀로 있어
그녀를 만날 작정이야
아주 추운 날이었지
윈터, 겨울, 그 얼마나 예쁜 발음이야
이제 그만두려고
사랑이 어쩌고 평화고 어쩌고
그런 추상적인 것들에게 시간을 쏟지 않아

이자벨은 그 자체로 이미 고귀한 고깃덩어리랄까
상상만으로 이미 이자벨을 안았어
오로지 기록만이 존재를 부정하지 않아
근데 나는 여전히 연민 덩어리
세상이 나아질 일이 없으니 우리가 이 꼴이지
이자벨은 늘 그랬어
시기를 다한 사랑은 묶어서 분리수거를 하고,
미안하면 죽으라고 했어

모든 걸 너무 매정하게 거절한 게 아닌지
요컨대 공허한 기분

형, 알다시피 미치고 병든 사람들뿐이야
요설처럼 들리겠지만 이자벨은 정말 제정신이 아니야
왜 나는 타락한 인간에게 매력을 느끼는지—
칵테일과 오믈렛을 만들어서
공교로운 하늘을 바라봤지
너의 음성을 듣고 자라는 말들,
계속 위로하고 계속 사랑하는,
낯설고 이상한 사랑
커피를 마시고 당신을 바라보는데
그게 참 좋아

회전목마를 타면 거스를 수 있는 마음일까
난 그저 와인과 애인이 필요한데, 형
오늘 형은 완벽한데 내가 그렇지 못해
언젠가 형을 형이라고 불러 달라던,
그 시절의 내 자아는 어디로 갔을까

나는 너무 오래 타아를 연기해서,
남이 되는 일이 익숙해졌어

금붕어 똥처럼 하찮은 삶

토끼는 외로우면 죽는다는데
이자벨의 빈소가 텅 비자
형은 나에게 콩 요리를 해줬어
　실려 나가는 국화 화환을 보는데 쌍 난 왜 항상 이 지랄인 거야
이자벨과 함께 수어를 익히며 앞으로 나아갔던 보트
그때의 샴페인과 향수 냄새가
아직도 코를 후비는데
정작 나는 그녀를 잃고 불구가 됐어 형

형이 언젠가 말해 줬던가
그따위 서정적인 뇌로 뭘 할 수 있겠냐고
별도 늙으면 늙을수록 주황색으로 변한다잖아
나는 이제 가짜 같은 삶을 흉내 낼 줄 알아

\>

아랫도리가 간지러운 걸 보니 겨울이긴 해
이마저도 내가 무능해서 그래
누군가를 탓하고 싶지 않아
for good?
아니, 없다고
이자벨을 미워하는 동안
망설이고 망설이다가,
나는 완벽한 마리오네트가 됐어
형은 이미 눈치챘지?

너의 체취를 사랑해

체취에 대한 강력한 확인은
이를 악문 허그를 해봤기 때문이야
체리가 든 과일주를 마시며
나란히 담배를 나눠 피며
5유로만 있으면
뭐든 다 가질 것 같은 세상
빛바랜 벽지에
상냥한 열기가 몰아들지

두 마음이 섞여 드는 시간
나를 지체하게 하는 것으로부터
오로지 전진할 뿐
체크무늬 카펫 위에서
코끝을 떠밀어
섹시한 낯빛으로 흐무러지는
너의 허벅지 사이가 몹시
따듯해

나의 질에서 강낭콩들이 흘러나와

내 몸이 구체적으로 해석되는 순간,
아무런 주석이 필요 없구나
창밖의 연분홍 하늘,
가끔, 네가 흘겨볼 때마다 영원처럼 느껴지는 것,
그럴수록 우리의 우울은 발전한다
더 은밀하게,
더 과도하게,

나는 좀 더 자주적으로
매일 똑같은 결심을 해

발가락이 간지러워질 때는 훌륭해져야지
후회를 시작하기 전에 후회를 하는 거야
깍지 낀 손가락으로
유리 조각을 모으며 살자
같이 있어도 헤어지는 기분을
조금은 알 것도 같아

I love your body odor,

More, not more careless.

부화하는 겨울에게

입술 모양으로 우리는 종종 구분된다
무례한 이름으로 살고 싶지 않아,
조용히 입을 다물어야지
나는 산란기를 맞았고,
외설스러운 묘비명도 있지만,
타성에 젖은 것은 네 안구뿐만이 아니야
우연이 빚어낸 것들은 별의 나이를 묻고,
내 동공에서는 네가 뻗어 나왔어
그것도, 제라늄 향기를 가득 묻혀서

익숙한 익명의 상태에서
가장 동물적인 것을 찾기 시작했어
어디선가 유실된,
기형적인 기억들로 감정은 완성되지
아주 수상한 마음으로
거세된 생각들을 하나하나 돌이켜 보면
쓰레기 더미 속 낡은 장화 한 켤레
서툴게 존재하고,
무료함을 존중하던 이들의 머뭇거림이

탁한 겨울을 향해 가고 있을 때,
홍등가의 전구는 조용히 타오르고 있어서,

타인의 타인들로 우리는,
오늘도 자기 자신을 발견하는 꿈을 꾸지

눈이 오면 핑계가 필요하지

어떤 아침은 가만히 내리는 눈을 온정을 품어 맞고 싶어. 손에는 네가 준 편지가 있고, 아직 읽을 생각은 없지만 벌써 현기증이 나는 것만 같아. 쌓인 눈에 푹푹 발자국을 찍다 보면 너를 훔치는 기분이 들어서 좋아. 이탈. 불 켜진 두 개의 촛대와 사라지는 눈물과 벽난로의 온기로 기억된 그 시간을 떠나왔지만, 나는 한 번도 이 계절을 정면으로 돌파하지 못했어. 어쩌면 그것은 신기루였을까. 새하얀 마음으로 찬탄하기엔 너는 너무나 거대한 상상력이었고, 거룩한 밤이었고, 죽음 같은 혀로 말한 사랑, 이었고. 또 몹시도 추운 무의식의 아침에 찾아올 사람, 이었고. 어떤 마음으로 위장해도 네가 모르지 않기에. 너에게 흉살처럼 남을 것을 알기에. 나는 그러면 손바닥으로 그러모은 눈을 한 올 한 올 모아 네 이름을 수놓곤 하겠지. 너의 이름을 놓지 않으려고 강박적으로 애쓰겠지. 끊임없이 너와 무관하지 않으려고 발버둥도 치겠지. 어느 것이 나의 그리움인지 분간할 수 없을 쯤에서야 지난날의 맹목에서 벗어날까. 책임지고 싶지 않아서 확신할 수 없는 나날. 나인지 너인지 어느 쪽이 환상인지 모르기만 하는 나날. 뜸해졌나 싶으면 또 느껴지는 너라는 환상통에서. 지워질 수 있을까.

나는 비참해질 필요가 있어요

　나의 결핍은 매우 실제적인 것이라서, 스스로를 상실할 때의 나는 꽤 인간적이고 싶어져 선택지는 없었어 태어남과 동시에 학습된 무력함을 알아 버렸지 내가 균열된 세상의 오류 같은 거라면 좀 더 쉬운 방법으로 사라질 수 있었을까 지금 당장 8차선 도로를 전력 질주로 건너가면 운 나쁜 운전자가 나를 치고 갈 수도 있는 거잖아 그렇지만 내 시신을 가장 먼저 발견한 사람은 무슨 죄겠니 이렇게 뒤틀린 마음에도 면죄부가 있나 어쩌면 내 살과 피를 걸 수도 있겠지 입을 다문 죽음 앞에서는 자주 겸손해진다 나를 태우는 밤공기에서 탄 맛이 나 내 죄와 재를 갠지스강에 뿌려 줘요

　세상이 초록으로 무성해졌어 종종 초식동물처럼 풀만 뜯어 먹다가 요절하고 싶어 하루를 그저 무사히 보내는 것만으로도 고단한 생명체에게 내일의 계획 같은 건 없다 살아남거나 죽거나의 간격만 있을 뿐 여전히 나는 자주 감상에 빠져서 이 계절의 모든 것이 바스러지기를 바라 다음 계절이 오면 사람들이 버린 것들을 수집하겠지 구멍 뚫린 갈색 모자, 바람이 불 때마다 경쾌한 소리를 내며 굴

러가는 빈 캔, 무수히 많은 담배꽁초, 버림받은 개나 고양이들 모두 나 같은 것들 나는 무언가에 감염된 이 도시가 싫어 12월의 눈부신 모든 것을 증오해 하얀 무화과 같은 날들이 싫어 그래서 이 연민이 공포스러운 거야

있지,
내가 사소하게 슬퍼하는 동안에도
내 이름이 헐고 있어

(정신적 진공상태)

 내가 아는 어떤 예술가는 등에 검은색으로 커다란 천사 날개 타투를 받고 다음 날 목을 맸어 마치 떠나기 전에 차를 정비하듯이 날개를 새긴 걸까 그러나 나는 당신이 있는 천국을 텍스트로도 확신해 한때 우리는 남다른 의미로 서로의 뮤즈였기에, 받았던 사랑에 대한 대가를 알기에…… 그래, 내가 너무 오래 살았지 헛된 희망 같은 건 살아가는 데 아무 소용이 없다는 걸 알아 가혹하게 아름다운 것은 누구나 함부로 품을 수 없는 거잖아 생에 사력을

다해서 갖고 싶은 순간이 없어도 너무 없었으니 제대로 괴롭고 싶어 내내 괴로웠으나 어쩌면 이 괴로움은 전생에서부터 시작된 걸지도 몰라 내가 이 모든 죄책감으로 남고 싶어 그냥, 쓰레기통에 처박혀서 쿨쿨 썩고 싶어 병든 삶, 시시한 꿈을 꾸면서

Pit a pat

빌린 체온을 돌려줄까 봐

너는 나를 채우는 가장 아름다운 요소

기록을 이어 나가는 날마다

신뢰가 있는 너의 걸음걸음에

나의 안부가 너무 늦게 도착할까 걱정이 됐어

나는 다만 너를 위해 기도하는 사람,

나빠지지 않는 미래를 위해서라면 너 혼자 반짝여도 되는 생

던지고 돌려받는 야옹

만질 때만 투명해지는 코

야옹

노래하는 너의 목소리를

내가 지나치게 슬퍼하는 밤이면

내 명치까지 손을 뻗어 나의 숨을 고르고,

너의 갸르릉을 들을 수 있는,

꿈꾸는 모든 것이 너로 인해 갱신되는 사랑

그런 다짐

Pit a pat

Pit a pat

나를 향한 네 두근거림을
나는 모든 절기에서 느낄 수 있어
견고한 맹세가 필요해
너에게 닿을 듯 닿지 않은
눈을 감으면 아무것도 아닌 게 되는 생각
금방 울 것 같은 나를 핥는 네 혀
중요하지 않아도 기억되는 <u>너의 애정에 밑줄 긋고</u>
우리의 절정은 이맘때가 좋겠구나

편지 속 문장에는 말해지지 않은 내 고백들로 가득 차
몇 뼘씩이나 자라나는 언어
필사적으로 사랑했던 나의 시간에 일생이 나였던 너의 시간이
조금씩 가까워지는 걸 느껴
몸도 마음도
함께 네게로 기우는 나날을

애도
견딜 수 있을 만큼만의 읊조림
때로 따뜻하고,
때로 웅얼거리는,

멀어지는 날이면 어김없이 바람이 불 거야
너의 엉덩이를 쓰다듬을 때마다
우리가 함께하는 시간이 짧아지고,
내가 너의 안부를 아무리 물어도,
닿을 수 없는 날도 올 거야
겨울 끝, 너의 앞니 수를 세어 보는 날에는
하루도 두리번거리지 않고 내가 찢을 수 있는 마음만 들기를
별거 아닌 애정이 아니었다고,
너의 건재함을 확인할 수 있도록
당부의 글을 남길 수 있도록

두근거리는 인간을 사랑해 줘서 고마워

나의 우울이 가치 있기를

우주처럼 소리가 사라진 공간
나는 모르는 사연의 주인공이 됐어
눈 떠보면 목련이 필 무렵
한 잎, 한 잎,
누군가는 소생하기 위해
자신의 잎을 버리는데,
울음이 사위를 감쌀 때는
기도의 근원 따위,
너무 아무렇지 않게 맥락 없는 하루
덜 불편한 날이 많기를 오랫동안 바라 왔는데,
토마토를 사러 가는 길이 외롭더라
신념이 없는 길이었어

괜찮은데 또 절반쯤은 안 괜찮아
고요가 밀집된 내 마음은 묵음,
내가 할 수 없는 건 불안을 재우는 일
좋아하는 그림을 수집하듯
나의 과거를 박제할 수 있기를
촛농처럼

금세 뜨겁다가 식는 이야기
수런거리는 사람들이 그러더라
오늘 너를 만나야 한다고, 만나서 무성해지라고, 이상한 대화를 나누라고,
말이 길이 될 것이라고

네게 가기 전 거쳐 간 곳은
이국적인 여자가 꽃을 파는 곳, 수선화 한 송이 주세요
너의 마음을 사는 것도 아닌데
지폐를 건네는 손이 호화로웠어
죽음을 끌어오듯 메마른 발걸음으로
폐허를 지나면
그곳이 내 고향처럼 느껴져
그곳으로 갈까, 우리
건초를 덮어 줄게
저녁의 잔광이 남아 있는 거리에서
길을 잃지 않으려고
미사보를 쓴 너를 발견했어
오직 나에게로 오는 사람

>
눈이 금방 그친 것 같은 하늘
때문에,
나의 우울이 가치 있기를,
그래서 네가 단번에 나를 찾을 수 있기를
두 손을 모으기 위해
지금까지 네가 돌아누운 숱한 밤들
그 옆에서 굳이 찾은 공통점
그것은 기억이 투쟁을 벌이는 곳
그 기억과 결별하기 좋은 날,
내가 네게로 가는 모든 길에
잇몸이 시릴 정도로 맵찬 바람이 불었으면

미물

손가락 하나를 걸고
우리는 약속했지
작은 먼지처럼 살겠다고,
이름 모를 잎사귀가 되겠다고,
턱이 낮은 우물처럼 가까워지겠다고,
어떤 소용도 없을 무언가가 되어
인간의 기교를 버리겠다고,
아주 유의미한 이 욕구는
그렇게 개역되었다
내 안의 마음이 소실로 가득 찼을 때
온전히 너를 다 담을 수 있다는 것을
내가 너무 늦게 깨달았을까

땀 많은 손을 내밀었을 때
그 땀의 온도만큼 뜨거웠던 너의 더운 숨
잘 아는 노랫말처럼 당연했던 그 기색,
우리는 이보다 더 허무해져야 해
닳고 닳은 돌처럼,
돌의 구실도 못하는 때가 되어서야,

비로소 완전한 미래를
미리 사는 느낌이 들어
손에 익은 건반을 악보도 없이 치는
그런 유려한 삶에서,
몇 번인가 우리는 다시 아름답게 빚어지고,
수많은 밤낮을 오래오래 견디며
우리는 웃었어

굴러다니는 술병에 남은 진득한 액체처럼
내 삶도 시시때때로 벌어졌지
나와 너의 침묵이 만나
눈썹 위로 차곡차곡 쌓이던 어느 날
마음의 열도는 다시 붉해졌어
매 순간 새로 하는 다짐처럼, 또 우리를
아무것도 아니게 하는 첫 마음이
과연 이곳으로 인도했을까
그것도 아니면
이 계절에도 흰 그늘이 있어
우리가 짧게 쉬어 갔던 걸까

\>

사실 모두와 공존하고 있지만,
작은 틈새에서만 살아갈 수 있는 존재에 대해
아무도 골똘해지지 않을 거야
마음에 작은 선인장 하나쯤 품고 사는 것도
그럭저럭 살 만해
메마른 삶에서 더욱 죽지 않는 숨결
단비가 없어도 무섭게 사랑하고
자신의 마음을 독려하지 않아도
괜찮은, 그런 삶
고둥처럼 속을 까발리면
더욱 별 볼 일 없는,
매일 처음 사는 느낌으로
우리는 하나의 최선에 갇힌다

항상 어떻게 살아야 하는 건지

 겨울볕에 꼬리를 움츠리는 고양이들, 색깔이 규칙적으로 배열된 인도 블록 위, 귀갓길이 온기로 차오른다 미친년이 민소매 원피스를 입고 무단횡단을 하며 욕설을 내뱉는데도 그게 또 아름다워 어느 날 커터칼로 난도질했던 허벅지가 근질거리고, 그 흉이 잦아들어 갈 때쯤, 나의 신성함도 한 뼘 더 자랐다 라디오헤드의 노래를 허밍 하며 아무것에서도 당황하지 않는다 서로의 이마를 짚어 줄 대상이 있었으면 좋겠다고 소망하는 대신, 욕망이 되어 버린 것들을 위해 실없이 웃었다 나는 이번 겨울에도 결례가 많았다

3부

겨울의 기분

 허락된 기분들로만 살아가기엔 너무 가혹한 빌미가 있어 좋아하고, 싫어하고, 사랑하고, 미워하고, 그 사이 어딘가쯤에 지금 내가 느끼는 이 감정이 스며 있을까

 우리는 더욱 모호해질 필요가 있어 루비 장식을 보고도 꼭 아름다울 이유가 없듯이 모르는, 유려한, 무한한 어떤 것에선 안개가 무성해지지 그것에 대한 사유, 알 만한 것들에게서 오는 권태, 사로잡히지 않기 위한 발버둥, 때로는 위험해

 아픈 기분을 여러 갈래로 나뉘기만 해도 나는 단순히 좆같다고 느끼지 않기로 했어 기분은 모세혈관 단위로 갈라지고, 기분은 암묵적인 거래를 성사했고, 그런 기분은 쉽게 분별 되지 않아, 단지 느껴지는 것, 마치 내가 너를 만지는 손길의 다감함처럼

 내 기분에는 쉼표가 많아 실수도 많고, 실패한 것도 많지만, 적어도 우려먹지는 않을 수 있어 누군가의 기분을 헤아리는 게 어렵지 않아 네 세상을 살피는 일이 기꺼워

그럴 때의 내 기분은 아직 꽃을 피우기도 전의 벚나무를
그러안는 일 같아 무슨 말인지 알지

NEAR AND DEAR

고독한 것은 고독으로부터 나오는데
너의 꼬리는 부르르 떨리고,
끝까지 가보지 않은 미래에
너의 차가운 육체가 있을 것만 같아,
자꾸만 쉬쉬하는 얘기
초록색 눈동자가 깜빡이면 말하지 않아도 도착하는 너의 숨결
닳아 없어질 때까지,
사랑해
부디 더 많은 사랑을,
그럼 좀 더 알찬 마음이 들어찰까

머리를 두는 곳에 네가 있고,
손이 뻗는 곳에 따뜻한 너의 체온이,
너와 나의 관계를 의심하는 모든 무한의 밤
네 수염이 행운을 가져다줄 거라는 그런 말도 안 되는 상상
몸이 식어도 다시 데워 줄 네가 있어서,
조금 슬픈 네 눈빛은 인력 밖의 일

금방이라도 너를 품에 안고 별빛이 후드득 쏟아지고……
떠나온 너의 별에서
너는 나를 만나 행복했을까
조금은

낮은 생각을 돌아눕게 하는 고양이의 자정
어떤 사랑은 정신병이라는데
너로 인해 빈 곳 없는 마음이라면 인생의 완성은 고양이라고
그건 마치 행복한 동행,
잠시 삶을 고를 때마다
내 곁을 지킨 너의 지옥을 내가 대신 걸어 줄게
너무 미안해하지 않아도 돼 그 기분도 알아

가장 은밀한 이야기를 쏟아 낼 때
너는 내게 눈키스를 보내고,
새까만 털이 반지르르해지면,
조금쯤 네 앞을 서성이고,

하늘의 강설에 머뭇거리다가
잠든 네 눈을 쓰다듬으며
내가 너의 드림캐처가 되어 줄게
네가 걷는 모든 악몽에
내가 이상하지 않게 존재할 거야
그 사랑을 의심하지 않아도 돼

이봐, 심장이 가벼워진 걸 느껴?

그냥 나열되는 우리

나는 항상 나를 의심했었지
나의 야만적인 사랑이 전이되는 것을
그저 사랑이었어, 라고 말할 수 없는 기분이
낯선 장면으로 나타날 때,
너는 내게 버터플라이 키스를,
속눈썹으로 내 뺨을 할퀴며

"우린 둘 다 얼빠진 인간들이야."

자유롭고 아름다운 혀로
세상의 많은 사랑의 속삭임을 대변해 줬지
온종일 비린내가 나는 골방에서 무수한 철학서를 뒤지며
너는 비장하게 웃고,
그냥 불행해지자고 했어

사랑이 호명될 때마다
우리는 재발급을 받는 주민등록증처럼
서로의 신분을 확인하고, 고민하고, 비교하며,
우리는 우리와 상관없이 살 수 없기를

오래오래 바라 왔어
너의 사랑은 무럭무럭 자랐지만,
달콤하고 싱싱하지 않아,
자주 창백했고,
아무도 그것을 궁금해하지 않았고,
모든 애정이 악으로 귀결되어,
못내 죄인이 되는 삶을 살아야 했어
그렇지만 우리는
신을 탓하지 않았고,
나와 너를 탓하지 않았으며,
그냥 사랑하자고 했어

소화되지 않은 마음의 결정이
마침내 비겁하게 빛날 때,
사랑의 주술은 해상의 꽃처럼 애틋했고,
서로가 서로에게 갇혀
타락한 기분을 더 자주 되새기며
너의 동선으로 내가 지옥이 되는 이 모든 무능을 사랑할 수 있을까

>

잠든 네 곁에서 오랫동안 물었어
네가 했던 말은 예언처럼 오래갔고,
그것이 공포가 될 때까지
아무 노력도 하지 않았기에
세밑이 되도록
우리는 아직도 걷고 있고,
매번 같은 마음으로 좋아할 수 없기에
그냥,
그냥 후회하는 편이 빨랐지

어제는 비가 왔어
이 조악한 세계는 절반이 무너졌고
네가 쓴 유서는
모국어로 쓰여 있지 않았기에
너의 말이 아득하다
서로의 아픔을 훔쳐볼 수밖에 없어서
온전하지 못한 체온으로 오늘의 바깥을 기웃거렸어
그럼 내일은 어때,

발랄하게 비참할 수 있을까
입술을 오므려 후 불면 무늬 없는 바람이 이는 것처럼,
어느 겨울에 너를 다시 만나면
그냥 보고 싶다고 말할까

내가 좀 잘 외롭잖아

º 속눈썹으로 상대방 얼굴을 간질거리게 하는 키스.

미숙한 겨울밤

얼음꽃이 시리게 피는 겨울에는
네가 속삭이던 밀어에 흰 볼이 붉어져
검은 건물들이 높게 높게 서 있는
그 밤의 골목길에는 담뱃불만이 반짝였지
짧게 살다 간 넋들이 우우 울어대면
우리는 더 이상 가까울 수 없을 정도로
서로의 몸을 밀착해, 어린 울음을 토했어
우리는 살아 있으나 견고하지 못해서 뚱땅거리기만 했어

그런 저녁들이 빠짐없이 닥쳐왔고,
마침내 혼자가 되는 날이 있겠지,
적당히 고민하고,
제 삶의 일부분도 알지 못하고 살아가는 주제에
침대 위에 누워 짜릿한 밤공기에 절망하고,
그 절망이 내린 결정들에게 구속되는 달빛의 손가락

나는 하루하루 더욱 망가져 가는데,
너를 잃어버린 거리로 자욱이 안개가 낀다
한기를 품은 비가 내리는 창가에 서서 못다 쓴 일기를

찢고
　하얀 고양이가 꼬리를 세우고 다가와
　낮은 체온을 아낌없이 주고 갔어

　아, 나는 이런 식으로도 살아남았는데

　욕망만 남은 나는 유기견처럼 쏘다니며
　얼마 남지 않은 것들을 찾아다녀
　한때 나를 이루었던 것들을
　검은 손으로 그래 그래, 쓰다듬고 있어

싸구려 커피

 커피를 마시고 있어 그사이 핏빛 안개가 돌고 곧 돌풍이 올지도 몰라 아무것도 하지 않았지만 아무것이나 하고 아무것이나 되어 가고 있는 것 같아 앳된 모습의 내가 담긴 낡은 액자의 먼지를 닦거나, 시나몬을 잔뜩 넣은 뱅쇼를 만들기도 했고, 멀건 구름이 어디까지 가는지 지켜보면서

 나의 틈이 날마다 1cm씩 벌어지고 있는데 무엇을 채워도 채워지는 것 같지가 않아 나뒹구는 면장갑을 쑤셔 넣어 보기도 하고, 디퓨져 용액을 쏟아붓기도 하고, 가루가 된 드라이플라워 조각들로 꾸역꾸역 메워 봤지만 소용없었어 이미 잘못 태어났다고 결론을 내렸을 때쯤, 내 상상력은 웃음거리가 되었고 사실이 그래

 지금의 나는 쓸모를 다해 버려진 시퍼런 우산 하나처럼 측은해 반복적으로 커피를 끓이면서, 증발하는 수증기를 조용히 응시하는 시간 점점이 사라지는 미소 하지만 나는 시시한 것들로도 퍽 괜찮아지는 인간이라서 27잔째 커피를 마시며 이런 생각들을 해 오늘은 햇살이 뜨겁지 않아

좋았고, 치맛자락이 종아리를 스치는 기분이 좋았고, 이깟 커피 한 잔에 빌어먹을 위안을 얻는다고

몽상가의 흔해 빠진 사랑 타령

 그래 나 인류애 같은 건 모르겠고 지금 당장 죽을 고민이나 하고 있어 코르크 마개를 목구멍에 집어넣고 질식하면 어떻겠냐는 둥 말이지 조니 뎁이 바비 인형을 수집하는 것마냥 우린 쓰레기를 너무 많이 읽었어 엄청나, 마음이 헤퍼 우스울 정도로 나는 내게 관심이 없고 가끔 이런 발칙한 글이나 싸지르지

 여기는 오랜 불모지,
 철마다 예뻐해 달라는 것도 아닌데 나는 한 계절도 옳게 살지 못했어

 나는 가끔 내 인중 냄새를 맡는다 그곳이 가장 따듯한 곳 같아서 나랑 사랑하자, 우는 거 질려, 자주 너랑 행복할래 이렇게 속삭이면 마냥 소중한 것은 없다는 걸 느껴 나의 나이는 너를 사랑하는 데 쓰였건만 너는 미분방정식 같은 사람, 몽상가의 밤이 오고 있어 너의 손목을 핥고 싶어

 절망적이지 않습니까? 나는 이미 흉흉한 인간, 구원은

죄악일지도 몰라 부디 나를 제대로 저주해 주기를 오늘 내가 버린 건 양심, 조금 못됐고 싶어 (다만 외롭게만 하길) 유령과 불멸과 스컬이 좋아 자유의 여신상이 핑크색이면 좀 별론가 이런 실없는 불만 사항들 나는 그냥 너랑 같이 대가리 꽃밭으로 살면 되는데 이렇게 살벌하게 좋을 수가 없는데 내가 잘하는 게 사랑 타령뿐인데 이게 내 항우울제나 다름없는데 자꾸만 속악하게 얽매이는 내가 너도 이젠 지겹겠지 몇 번이고 패배감에 젖겠지 그치

내 사랑은 고딕체예요

명랑한 달빛 아래, 불후의 피조물
암말처럼 탄탄한 내 엉덩이를 봐
씰쭉씰쭉 흔들면 다름 아닌 여기가 몽환경,
송악마냥 당신을 감싸안을 거야
벨기에식 입맞춤은 어때요?

창백한 광대들이 발가벗고 춤을 추고,
예쁜 공포가 차분히 스며들 때,
내 사랑은 고딕체예요
때로 나는 당신의 조롱거리가 되고
종종 나는 당신의 흠이 되어서
마침내 뜨거워질 거야

상앗빛 눈을 가졌구나
그런 서사가 많은 눈은 틀려먹었어
모든 게 우발적이었다는 말은 부조리해
우리의 그림자가 부딪힐 때
당신은 이따금 패배한 기분을 느끼지만
쇠락되지 않은 아름다움이 있었거든

\>

그 아름다움에 바리케이드를 쳐요

백과사전을 다 뒤져 봐도
당신과 나를 지칭하는 말은 찾을 수 없어
그래서 나는 씩씩하게 울 수 있고
당신은 그 눈물을 방관하겠지만
그게 당신의 생존법이라면 고개를 끄덕일 수밖에

사흘이면 충분한 시간,
몇억 년의 마음을 모두 압축해 올게
내 한계를 똑바로 알고 망측한 꼴로 오지 않을게

발랄한 유언

누추한 감정이 들 때는
67번 버스를 탄다
무모한 탈주는 거기서 시작된다
나는 제법 낭만에 너그러운 사람이라서,
일부러 연민을 즐긴다
아름다운 불신
그것도 아니면 무슨 재미로 산담

체리 나무가 우거질 때가 되었나
수확 철이 되면 온통 핏자국 같아서 참 예뻐
내가 덜 그럴싸한 여자가 되는 것 같아,
기분이 시큼시큼거려요
내일 자 신문에는 내 기사가 실리기를
이런 여자는 쉽게 질린다고

내 감정은 여전히 부자유에 그쳤지만
느닷없이 소멸되고, 기약 없이 늙어 버리겠지
죽기 전 마지막 왈츠를 추고 싶어요
살살 다뤄 줄 순 없을까? 이럴 때의 나는,

산통을 겪는 골격이나 다름없으니까

멀건 구름이 지나간다
내 끝은 어떤 식으로든 조금 눈부실 것도 같아 (이건 내 망상)
퇴장할 때는 백합을 흩뿌려 주지 않을래
영원히 사는 일에 아무런 로망이 없으니까요
편지도 전화도 하지 않고
평온과 안식도 이제는 셀프

여분의 고백

나를 깨닫던 어떤 하루는
나태하게 외로워할 시간이 있고,
살 수 없을 것 같은 기다림이 있고,
과식할 꿈이 있어서 그토록 자유롭지 못했어
그건 아마 버림받은 영혼의 유언
볼에 Bisou를 받지 못한 아침은
축복을 빌어 줄 이가 없고, 끝없이 흔들릴 마음이 있고,
그러나
기도하는 손이 부끄럽지 않기에
사랑해, 라는 말이 입버릇이 되어
네게서 명료한 사람이 되고 싶었어
정말이야

혼자와 둘의 차이는
두 눈이 얼마나 더 반짝일 수 있는지 알게 되는 일
마치 오늘의 새벽 별이
너와 나만을 비추기 위해서 존재하는 것처럼
공손히 모은 네 마음에
내가 이미 불시착할 것이라는 예감,

너의 사연을 다 듣기도 전에
비극적인 결말이라는 걸 알았지
위로가 서툴러서
자정이 되면 네가 슬퍼졌고
그 기분을 잊을 때도 있어서,
더 오래 도망칠 수 있었어
언제까지나

꿈속에서는 뜀박질을 해도
허탈하거나 비참해지지도 않고,
사랑이 더 사랑다울 수 있어서,
이정표를 의심하지 않아도
우리가 걷는 길이 연습이 되지 않아서
물청빛 하늘을 올려 보면
내가 쓴 마음이 한 글자씩 틀려 있고
너는 그것을 가리키며
사랑을 시작해야 한다고,
귓속말을 했어
모처럼 삶에 탈락되지 않았으니

LOVE에 곤경이 없었고,
자꾸만 다른 것이 되는 환상에 꿈에서 꿈을 꾸는 것만 같아
나의 호주머니에서 흰 나비 한 쌍이 날아올라
저녁으로 옮아가는 것을 봤어
감각의 장소로 가고 있어

하루를 떠나와
모레로 가는 기차에 몸을 싣고,
떠나는 우리가 상심해 있을 때
우람한 눈발이 쏟아졌어
눈을 감으면 나의 깜깜한 사랑이
오늘도 당부할 것이 많다고 했지
너는 그런 걱정하기를 좋아했어

너에게만 가야 할 사랑이라서 좋았고,
너는 그것이 안녕한가 물었어

열어 둔 창문으로 눈이 휘날리면

나에게 말해도 좋았을 텐데
그것이 갓 수확한 레몬 같은 향기였다고,
언뜻 상쾌한 냄새, 뭐 그런

Unhappy bitch

재수 없는 계집애
나는 네가 한 번쯤 작별을 해본 사람이길 바랐어
우리가 지금 하는 연애
우리가 힐끔거린 사랑
나약하고 어림없는 사랑이지
그 모든 게 약한 것들이 가진 힘이야

내가 길을 잃은 장소에서
내가 갈 곳이 없음을 알게 되었는데
'돌아가'라는 말을 듣지도 못했는데
그리우면 그리운 대로
너의 집 앞에 멈춰 선 두 발
그래, 멋진 희생은 없었어

최루성 멜로는 끔찍해
그렇지만 시련은 네버 엔딩
거듭 너를 떠올릴 수는 있지만
어쩌다 목소리가 기억나지 않고,
너라는 사실이 나를 감성적인 도덕에 빠지게 해

서성일 이유가 많아져

나의 삶은 마지막 회차를 향해 달려가는데
불행한 너는 진술에 가깝게 내 안에 잔존해
나로서 지속할 수 없는 존재의 삶
그래서 자꾸 살고 싶다고 했던가
통증이 찾아오는 건 살 만한 세상이 찾아올 거라는 신호
함께 거리를 오갔던 시절에도,
마음은 체하곤 했는데
너도 그랬니

시선을 따라간 곳에는
타락한 중년이 유모차를 밀며 담배를 피우고 있었지
못된 아기가 앉아 있을 거야
특별하고 인정과 체념을 아는 아기가

우리와 아기 사이에 존재하는 음파
너의 목소리가 들려

"문 잘 잠갔으면, 그만 현실과 꿈 정도는 구분해."

그러니까 아주머니,
쟤는 제정신이 아니니까 말 시키지 마요

불행을 탐구하기 위해서는 경험치가 필요한 걸까
너는 또 오늘 왜 이렇게 불길한지
어제 경험한 너는 내 것이었다가
오늘 경험하는 너는 이웃이 되기도 해
그 과분한 배웅은
누구한테 배운 거지?

몹쓸 인간
우리는 애초에 인간 흉내나 냈을 뿐
그 모든 가증이 진심이었다면 이기적이어도 돼

물론 나도 신께 빌어, 조금쯤은

4부

가장 짜릿한 형태의 우울

 어서 와, 플리즈 키스 미 너의 혀를 뱀처럼 감아 내 열망이 누추한 영역을 벗어날 때 오늘은 밀어를 나눌 수 있을까 그런 호기심이 생겼지 나와 달리 네 생각은 언제나 근사해서, 그건 쓸데없이 철학적인 B급 정서와 완전히 달라서, 너는 사과처럼 달고 빨개서, 그래서 더 섹시하게 말할 수 있는데, 성호를 긋고 사실은 이 사랑을 허무는 데 집중하지

 열병에 시달리던 밤, 일그러진 마음, 욕망의 지배자가 된다는 게 이런 걸까 미친 게 아니라 멋진 걸지도 몰라 하지만 네 인생을 책임질 만큼 난 신성하지 않아 나의 사랑이 쓸모없는 불가사리 같단 걸 완두콩을 세며 깨달았어 사형수처럼 매일매일을 새 기분으로 살았지 그래, 내가 괜찮지 않으면 네가 아프기 전에 버려 줘 애가 닳아 듣는 장엄한 브람스는 늘 최선이지

 피 묻은 팬티가 필요해 우리를 관통할 수 있는 네 번째 교향곡이 되어 줄 거야 고양이 발자국 같은 찰나의 사랑이라니, 어째서 폐병처럼 바스러지는 걸까 내가 왼손으로

그려 본 별처럼 이 포옹이 그리웠어 왜 그렇게 띄엄띄엄 사랑한 거야? 인간의 선의를 믿었니? 눈이 녹아서 그렇게 다정했니 꽃이 펴서 잠깐 해이해졌니 있지, 나는 이 능소화의 향기를 채집해서 네게 주고 싶어

  네가 내 여름을 통째로 삼켰으면 좋겠어

  따뜻함이 멀어지는 걸 느껴 자신의 죽음 앞에선 누구나 우물쭈물하지 아픈 구멍을 메우려고 나를 버렸나 그 심정을 알아도 나는 다시 네가 좋아질지도 몰라 너를 발견하기 위해 꿈은 핏줄을 타고 상영돼 목소리는 소프트하고, 설탕 범벅을 한 입술로 말할 테지, 기똥찬 절망이구나, 라고 우리가 전부 잘못 이해한 게 아니라면 손을 내밀게 이상하고 절박한 것들만 잡아

  근데 언니, 나 숨이 안 쉬어져 부쩍 천식이 심해졌나 봐 인간의 죽음이 대체로 축축했다면 달랐을까 그땐 뭘 해도 나쁜 짓이 됐어 우울에 빠진 사람은 매력이 없다는데 나는 너무 많은 우울을 매듭지었어, 이젠 안심하고 미움받고

싶어 아무쪼록 나는 페인과 섹스하는 편을 택할게 안녕, 사람!

 이왕이면 에로틱한 지옥에 가고 싶어 덜 사랑받는 삶을 살아왔고, 상실한 제 세상을 들키고 싶지 않으니까 결국 모두가 나를 혐오하겠지 이제 와서 착하게 굴 거야? 그날 내게 투지 있는 인간이라고 불러 줘서 기뻤어 내내 경멸하겠다고 말해 준 것도 고마워 벌써 시큼한 맥박이 느껴져, 이게 가장 짜릿한 형태의 우울이라고 확신해 그건 수없이 어긋나 봐서 알아

 서로를 해치지 않았는데도 헤어짐이 쉬워서 참 다행이지

오늘 나를 사겠어요?

여자는 너절한 외양을 하고 있었다
저질 펑크 음악에 맞춰
리드미컬하게 내게 다가와
오늘 나를 사겠어요?
그 건방짐이 마음에 들었을지도 몰라
마치 그림자도 없는 사람처럼
여자는 한쪽 스타킹을 발목까지 내렸다
5분 동안 우리는 10센티미터 거리에서
서로를 가련하게 쳐다봤다
선릉역 앞에서
한정된 타아를 의식하며

난 어제도 이 제기랄 것에서
연민을 느꼈다
수치심으로 적막해졌을 때,
여자는 내게 빨간 양털 부츠를 벗어 주고,
맨발로, 몹시도 비도덕적으로 뛰어갔다
나는 씹던 껌을 뱉고
가장 무의미한 연출을 내놔야 하는데,

이런 상황에서는
꼭 그래야만 하는데.

나는 빨간 양털 부츠를 신고, 계단을 23칸 내려가 앉았다
그럴듯한 분수대는 없었지만 담배를 피우기에 적당했다
불을 빌려줄 행인은 없었다
보통 그런 일은 초면에 흔한 일이건만

어떤 연민은 번질수록 사사로워진다
그녀는 마치 마모된 연필 같았고
더 이상 여자의 안부에 간섭할 명분이 없다
여자의 행방과 나의 행방이 동시에 묘연해진다
몰락이 기꺼워 약에 취해 있거나 술에 취해 잠들어 있거나
쓰레기 더미에서 신문지를 덮고 떡진 머리카락을 풀고 있겠거니

서로가 마치 서로의 모조품이라도 된 것마냥

이상한 결핍

너와 나와 누구와 혼자와
이미지가 없는 그림자를 부른다
아무도 없는 방에서
고흐의 아몬드나무를 바라봤다
우리는 껴안을 시간이 충분했고
글씨로 사랑을 나눴다
마지못해 앉아 있는 자세로
입안의 사탕을 나눠 물었다

커피는 충분했고,
고양이는 꼬리를 곧게 세웠고,
염치없이 살아 있는 것들이 세상엔 너무 많아
Himmisacrakrüzidinkenjesusmariaundjosefundblütigeskreuz!°
우리는 주로 독일어로 욕을 했고,
버릇처럼 타인을 타박했고,
제 몫이 아닌 세상을 원하지 않았다
맑은 눈으로 증오하는 삶,
붉게 연쇄된 이야기

\>

이상기후처럼 폭설은 예고 없이 찾아왔고,
바람에 날리는 솜사탕
손으로 뜯어 먹으며 광광 울었던 날
영혼은 흐르고 중력으로부터 가벼워진다
수상한 마음가짐으로 키스한다
다시 리듬을 찾아야 해
낭자한 꿈을 꿔야 해
너를 안았는데도 몰려오는 한기
바들바들 떨며 속삭인다
나랑 희망 같은 거 꿈도 꿀 생각하지 말라고

변명이 많아서 두둔할 것도 많다
사과 껍질을 벗기며 그것들을 고민한다
어떻게, 우리는, 여기까지, 왔을까
널브러진 브래지어를 주워 들고 비누로 박박 씻었다
거기에는,
잘못 산 것에 대한 죄책감이 있었다
방치한 것들로 충만했다

° 천상의 신성한 빌어먹을 예수와 마리아와 요셉과 염병할 십자가!

갱신할 사랑이 없습니다

혹시 아름다울 만한 게 있을까
눈을 떴을 때 선명해지는 꿈처럼,
하얗게 웃고 있는 이빨 달린 동물이라던가,
자전거 바구니에 놓고 간 꽃다발이라던가,
그런 시시한 것들이 예쁘잖아
바꿔 말해도 선을 넘지 않는 언어
500원짜리 동전의 무게만큼 충동적이지 않은 그런 고백을 하고 싶어
참 멋진 일이지

대체 너는 내 결백의 어디쯤에 가 있니
나의 죄가 너무나 명백해서
네 안에 수만 가지의 틈이 생긴 걸까
코끼리가 그려진 풍선을 놓쳤을 때,
나는 비로소 세상을 이해했다고 생각했는데,
실은 아직도 네 울음의 동력을 모르겠어

가끔은 내버려둬. 지금은 이 모든 게 무용해. 외로운지도 모르겠어. 그냥 밤은 너무 고요하고, 체온계의 온도가

자꾸만 낮아지는데, 나는 너를 보는 게 너무 우울해. 내가 이렇게 생겨 먹은 게 곤란해서 울고 있어. 나는 차라리 사물이 되고 싶어.

  자꾸만 낯설어지는 얼굴이 있다
  어디로 자꾸 사라질 셈이지

  내 마음속에서 만져지는 찰랑이는 촉감
  이게 쓴 위액인 줄도 모르고,
  나는 맥주를 내내 마시고,
  너의 전화를 기다리는데,
  망가짐으로써 완벽해지는 너를 그냥 뒀어야 했나
  심지어 나는 너를 복원할 수도 없는데
  정작 너는 없고,
  어디선가 고양이를 학대하는 소리가 들리고,
  어그러진 퍼즐을 뒤엎어 버리고,

  머리가 무거워
  더러운 물걸레를 빨듯이

머리를 감고, 오데코롱을 바르며,
오늘은 네게 연락이 올까
가까스로 너의 원리를 살피게 되고
어디선가 들려오는 파도 소리가
내가 준비한 모든 어려운 말을 삼켜 버렸어
어쩌면 제약이 없고 그래서 충분해서 그만인 그 고백을

더 이상 갱신할 사랑이 없습니다.
유사한 감정은 취급하지 않습니다.

고전적 잉여

아이스크림, 돌고래, 기도
내가 좋아하는 거야
지옥은 쓸쓸하다는데,
연한 잎처럼 새살이 돋을 때
이마에 얹힌 무능한 손과
영영 죽지 않을 속살이 있다면
순교자처럼, 오로지 네 힘으로만
걸어갈 수 있을까

겨울이 끝나는 동안
원치 않는 사람들의 죽음이 있었고
다시 돌아오지 않을 하늘에게
나는 고백하기로 했어
서로가 서로를 몰라서 죄짓지 말자고,
단순한 섹스 스캔들이라고,
이번 생은 역시 NG에 지나지 않다는 걸

이것이 의아한 세계인 것이다

네가 있는 배경에 나를 그려 넣고
꼴불견 광대처럼 얼굴에 색칠하고 웃었지
곱고 예쁘다는 얘기는 질리게 되어 있어
맹세하는 게 좋아,
어정쩡하게 나를 사랑하지 않겠다고
난 글러 먹은 계집애니까 굿 걸이라는 소리는 집어치워
플랑크톤으로 환산되어 살아 볼 참이야

기억이 눈을 멀게 하듯이
죽음과 상관없이
너무 우울해서 택시도 타고 동화책도 샀어
글이 사라지고, 재앙이 사라지면,
불공평했던 아름다움도 사라지는 걸까
쥐똥보다 못하던 내 삶이
조금 살 만한 게 될까.
아니, 근데 아저씨는 누구세요?

제 생업은 시인이고
본업은 미친년, 그게 나예요

주로 다큐멘터리 틀어놓고 마라탕을 먹는 편인데
심심하면 내셔널 지오그래픽 채널도 좀 보세요
생명의 자생력이라던가 그런 게 궁금하진 않은지
인간 이후의 세상은 어떨는지

그래, 너는 얼마나 겸손해졌니
사념으로 기록된 일기장은 어때
물고기처럼
숨을 참지 않아도 돼
그저 침묵할 뿐,
내내 상상되지 않는 비극이라서,
말을 하지 않을 뿐,
나는 좀처럼 정직할 수 없고

그래서 우리는 완전히 다른 구원이 필요해
이를테면,
죽어서는 몸을 벗을 수 있다는
가정(假定) 같은 것

때로는 사려 깊은

너의 웅성거림이 들려
불행을 겨냥하는 못생긴 생각들
치사량의 온기를 위해
따뜻한 비가 내리고 있지만,
얌전한 네 튜닉°과 흑발은
엄격한 경고를 하고 있지

아, 사려 깊은 불행이어라

나는 구토를 했고,
혼자만의 암투에 갇혀 있었고,
어설픈 상처에도 소스라치게 놀랐고,
사흘의 여유가 있었지
누구보다 더 은밀할 여지가 있었는데

영국 담배에서는 월계수 맛이 났어
명예로운 귓속말에 조금 더 낮아지는 우울
내가 너의 가장 완벽한 전리품이길 바랐어

별들의 질주와 제약

빛을 품은 것과 향기 나는 것과 그림자를 미워했던 나를 용서해
내게는 너를 그리워할 위기만 남았어
따가운 기억 속에서만 너를 만져 볼 수 있게,
그게 내게 주어진 벌이지

° 튜닉(tunic)은 허리 밑까지 내려오는 여성용의 낙낙한 블라우스 또는 코트이다.

Impersonality

광대처럼 화장하고 토마토를 베어 문다
심장은 느리게 두근거리는데,
나는 최후의 비둘기가 되는 꿈을 꾸지
입김만으로 낯선 키스를 하면
우리는 지독한 개별
너는 조금밖에 남지 않았어
그게 좀 슬퍼

분홍색 코르셋을 입고 탯줄을 끊는다
땀구멍에서 나쁜 피가 흐르고,
엉망으로 구겨진 티슈 한 장에
녹물이 묻어나
내 생각은 가끔 괘씸해
우리의 기록을 태워
만일의 무언가를 모면하기 위해서

새벽 한 시에는 자살한 여인들을 위해 기도해

반지를 잃어버렸고,

우리는 어디에서든 비인칭이 되고,
작위적인 감정으로 고백할 수 있고,
꿈의 밀도는 나날이 두꺼워지고,

하품이 나
삶이 시끄러워

미드나잇

가로등 불빛이 깜빡이는 미드나잇,
고양이들이 하나둘 기지개를 켜고
나는 밤의 영역을 나눠 가졌다
배당받은 어둠을 탕진하며 남은 것은
사지 멀쩡한 몸뚱어리뿐
쓸 만한 삶을 살지 못했으니
이 겨울이 그리워질까 울어 본다

콘크리트 벽을 가로지르는
민달팽이 한 마리가
이 어둠에서도 희고 묽게 빛난다
이따금씩 아픈 기분이 들어도
혼자는 아니라고

지나가는 고양이에게
츄르 하나 정도 베풀 용의가 있다
고등어색 짧은 털이 빳빳한 녀석은
귀를 뒤로 뉘며 경계를 하지만

"오늘은 괜찮아."
아무도 들여다보지 않던 이야기의 주인공처럼
무사히 살아남은 자들의 속살거림

이 겨울이 생에 한 번뿐인 계절이라면
내일의 밤을 기다리는 데에는
어떤 신중한 자세 같은 게 필요할 텐데,
다리를 꼬고 앉아
한기에 몸을 배배 꼬는 마른 나뭇잎 소리에 귀를 기울여 봐
사락사락
사락사락
잃어버린 꿈을 꾸게 될 거야

취급 주의

오늘 밤 난 좀 위험해요
칠레산 와인을 두 병쯤 마시고
날이 선 가위로 머리를 들쭉날쭉 잘랐죠
먹다 남은 오렌지를 굴리며
배시시 웃어 버리면
이 밤을 밀어낼 수 있을까요
아니,
그 정도는 눈치로도 알 수 있어요
나는 영영 이 밤에 머무를 것을

셀 수도 없이 많은 영화를 봤어요
양치를 몇 번이나 했지만,
취기가 가시지 않아 빨간 볼,
오늘은 내 술 냄새가 싫지만은 않아
먼지 가득 쌓인 방에는
탑을 쌓은 빈 컵라면과 담배꽁초뿐인데,
어쩐지 그게 또 위태로워요
무드등은 영원히 꺼지지 않고

잠들지 못할 거예요
나는 끝없이 끝없이 침잠하고 있고,
실어증을 앓고,
기어이 이 밤과 공생하고 있어요
공들여 짠 넥워머를 한 올 한 올 풀면서
올 사람도 없는 현관문을 바라봐요
초인종이 울리면 숨죽이고 없는 사람 행세를 할 테지만
누군가
눈물과 콧물로 범벅된 내 얼굴을 잡고
따귀를 때려 줬으면 좋겠어요
뜨거운 물에 씻겨 주고
잠들 때까지 아무 데도 가지 말라고,

루시드 드리머

포궁(胞宮)에 따뜻한 물이 고이는 걸 느꼈어
그림자도 가지지 못한 생명이
가난한 의지를 가지고 살아갈 때
의도한 무수한 미래들은
나에게 슬픈 일이 벌어질 거라는
작은 예감을 던져 주고 갔어
나를 지탱하는 작은 숨,
칼로도 잘라 내지 못한 삶,
불규칙적으로 추출되는 꿈, 모두
내가 아는 이야긴데

자꾸만 증식하는 살덩이가
나를 갉아먹고 있을 때
그것을 몰래 사랑하는 일
어쩌면 가장된 애정으로, 신음을 내면서 내게로 걸어 들어오면,
잠시 내가 사라지는 경험을 하고,
슬픔의 언어로 꿈에서 산 세월을 낱낱이 기억하며,
몇 번이나 더 응원해야 하는지

또는
네가 썩는 속도를 따라가지 못하며
이마에 우표를 붙이고 어딘가로 배달되는 너를 유실함으로써,
알 수 없는 기원을 느껴

잘 아는 얼굴이었다가도
자꾸만 오버 쿡 되는 기억 속에서
너의 기분을 점점 잊어 가는 그 나날들
겁먹은 고양이처럼 네 앞에서 털을 세우다가
나의 나체에서
네가 다시 잉태되고 있다는 것,
아무도 모르는 소문이 되어 가고 있을 때
나는 희미한 얼굴들에게서
너의 모습을 찾기 위해 아등바등
이 꿈속에서는 가능하지 않은 일이 너무 많아
흔쾌히 신호를 보내지 않는 너를
애써 미워했다가,
난감한 자세로 안아 주기 위해

\>

아직 남아 있는 여분의 꿈에서

반드시 너를 데려오기 위해

빈집마다 창을 두드리며 볕을 내어 주었지

모르는 밤마다 골고루 곪아 가던 너를 마음대로 부르지 않겠다던 약속

네가 오래 보이지 않으면 고요히 되새기는 걱정들

모두 내게로 돌아와 박히는 화살

너의 시작은 박애였으나

나의 끝은

열 번도 더 꾼 꿈 같아서

이런 식으로라면

상실하는 것이 익숙할 줄 알았지

나쁜 꿈

 캄캄한 그 어디에서도 지금 잡은 내 손을 놓지 마. 네가 실재하는 곳에 내가 있어야 해. 우린 불편한 영혼을 공유했잖아. 우리는 미래가 닮아 있으니까. 나를 설명하지 않아도 돼서 좋아. 주머니에 늘 수면제를 넣고 다니는 습관까지. 칼자국이 희미해지지 않는 수어사이드의 꼬리표까지. 이질적으로 하얗고 작은 발가락까지.

 비릿하고 나쁜 꿈을 꾸고 일어나면 온몸에 개미 떼가 기어다니는 것 같아. 나쁜 게 뭘까. 좋고 싫은 건 있어도 착하고 나쁜 건 모르겠어. 근데 오늘 우리는 나쁜 꿈속에 버려져 있는 것 같아. 세상에 너하고 나, 둘뿐인 것 같아. 가위로 우리 둘만 오려 내서 여기에 남겨진 것 같아. 이런 게 나쁜 거야? 난 차라리 다행인데.

 유서를 쓸 땐 서로 번갈아 가면서 쓰자. 네가 한 줄, 내가 한 줄, 이 개같은 세상에 실컷 욕이나 하고 죽자. 쓸모없는 쪽은 우리가 아니라 너희들이라고. 지상에서 가졌던 너에 대한 모든 기억이 사라지면, 그땐 나도 없는 거야. 자주 마음이 바뀌어도 네 자리를 대신하는 마음은 없어. 반성 같은 건 안 해. 밤이 하얗게 번지는 사이 우리가 언제 둘이었던 적이 있었어? 아니, 우린 빗방울이야.

SOO

 수, 너의 이데아를 줄곧 믿어 왔어. 그건 마치 환상이 고갈되어 가는 나날을 살게 한 유일한 본질이었지. 나는 오늘도 고독한 방구석에 틀어박혀서 밀주를 마시고 시를 쓰고 괴랄한 취미를 발견하며 스스로를 폐허화하고 있어. 아무런 주어가 없는 세상을 살아가. 종내는 모든 게 사라질 것이란 걸 알면서도, 나의 시에 너를 심고 물을 주고 어엿한 꽃을 피워. 이름도 없이 피었다 지는 꽃이 푸르고 어두운 곳을 헤맬 때 나는 자꾸만 분열하곤 했어. 너라는 눈부심에서 눈이 멀고 말을 잃어. 향락하는 거리로 나섰다가 영원히 이곳으로 돌아오지 못할 것을 알면서도. 수만 개의 절망과 불안을 업느라 너의 하얀 손을 놓칠 것을 알면서도. 뇨로뇨로 흐트러지는 나를 내내 목도하느라 너의 마음에서 탄내가 나는 걸 알면서도. 내 불행에 너를 기워 넣는 일은 하고 싶지 않았어. 하지만 수— 하고 발음할 때 새어 나가던 입안의 공기를 기억하는 건 내게 사명처럼 느껴져. 정답던 시옷 발음이 여전히 나를 휘젓고 있어서. 거기에는 어떤 사족도 허용하지 않을 거야. 기다리는 일을 세상에서 제일 잘 한다는 그 말에 아무런 답을 주지 못해서 미안해. 고약한 방식으로 너를 모른 척했던 걸 용서해. 너는 내 평생의 겨울을 다정하게 어루만지겠다던 사람. 나는 아직도. 너의 세상에서, 너의 이념으로, 불타 버린 내 이름을 찾고 있어. 내가 죽인 시인의 이름을.

편의점에서 구원도 팔았으면 좋겠어

김하늘
산문

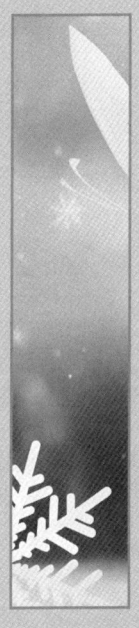

편의점에서 구원도 팔았으면 좋겠어

◆

 시에 대한 허기는 사는 내내 느끼며 살아가는 것 같다. 그럼에도 매 순간 쓰는 인간으로만 살 수는 없었고, 그로 인해 오랜 공백감과 쓰지 못함에 무력하고 침묵했다. 무뎌지면 좋겠다고 생각한 욕망이었을지도 모른다. 아무것도 올곧게 사랑하지 못해서, 쓰는 것을 외면하곤 했을까. 나와 나의 시가 함께 다치지 않는 길은 정녕 없는지, 곧 허무해지고야 마는 고민들을 숨 쉬듯이 하고. 살아 있음을 겨우 그 정도의 감정으로 재단할 뿐이었다. 남아 있는 게 있다면 겨우 약간의 낭만 정도랄까. 나는 그마저도 마지막까지 발설하고 싶지 않았던 초췌한 인간이었다. 우울과 불행은 같은 성질의 것이 아닌데, 왜 그 두 가지가 같은 방식으로 나를 착취하고 있는 걸까. 말도 안 돼, 라고 생각하지만 쓰지 않을 때의 나는 나의 쓸모를 자주 되물어야 한다. 그리고 적당한 답을 구할 것이고. 마음이 있으니까. 마음이란 건 훼손되고 아파도 다시 쓸 수 있는 이면지 같은 것이니까. 모든 혐오를 멈추고 내게 주어진 기분을 제대로 감당할 것이다. 충분하다. 그것은 다른 예쁜 것으로 둔갑하지 않아도 된다. 최초의 마음으로 이해하고 싶으니까.

사실은 쓰고 울고 사랑하는 모든 일에 절실하고 싶으니까. 작은 소리에도 놀라는 고양이처럼, 나는 계속 내 안에서 일어나는 감정에 대해서 귀를 열고 있겠지. 저주하고, 저주하고, 저주하면서도.

◆◆

 내 우울은 대체로 조용하고 쓸쓸하지만, 그것이 항상 무섭고 겁이 나는 것은 아니었다. 다만 똑같은 불행을 반복하지 않겠다는 다짐과 동시에 감춰야 할 마음이 느는 것. 소박하고, 소란하지 않은, 나의 사사로운 고백들이 모두 그 의미에 맞는 틀을 가질 거라는 믿음은 없지만, 그럼에도 이곳은 천국도 지옥도 아니어서 나의 어둠이 공명하는 곳이라는 걸 안다. 이른 눈보라를 기다리는, 깜깜하고, 말갛고, 찬란한 이 밤을 얇게 접어 시로 띄우면 조금쯤 네 안에서 머물기는 하는 걸까. 내가 읊조리는 이 촛불 같고 주문 같은 문장들이 네 귓가에서 분분히 멀어지지 않았으면 좋겠는데. 아무도 걷지 않은, 마르지 않은 이 길을 걸어가면 그 끝에 우리가 말하던 낙원이 있을지도 모르지만, 아니, 나는 사실 우리는 그것을 믿고 싶어 하니까, 반드시 존재하는 환각 같은 마음의 절벽에서 나는 너를 기다리며 늙어 가고 있다. 내 세계를 지탱하는 힘, 그 원천은 육체도 마음도 아닌 나의 영혼에서 나오는 일인 것마냥. 그렇다면 나의 환영 같은 환영을 모쪼록 사랑해 주면 안 될까. 이토록 해로운 마음으로 연모해도 되는 걸까. 사랑이 절망으로 둔갑한다면, 그 절망을 도리어 사랑하면 되지 않을까. 나의 기저에 네가 있고, 그렇다면.

◆◆◆

 모든 존재가 우연처럼 다가온 것 같지만, 때로는 숙명적이었을 것이다.

 내 존재를 구석구석 잘 알아 버린 탓에, 잘못 심은 나무처럼 우두커니 서성이느라, 무엇도 내 세계로 물들이지 못했어. 그게 조금 아쉽다면 어떨까. 나는 그저 이 계절에 지친 넋처럼 아무 데서나 나부낄 것이므로. 나를 부정하지 말아 줘. (나를 부정하지 말아 줘.) 나는 그저 썩어 가는 낙엽이 아니야. 무엇을 말해도 고통스럽게 전해진다면, 그것이야말로 가장 나의 진심에 가깝다. 하지만 뒤돌아보면 우리가 맞잡은 손이 보이지 않아. 어디를 봐도 모두가 투명하고 지극히 주관적이야. 너를 구분할 수 있는 눈동자를 내게 선물해 줄래. 무언가를 초월해야 한다면, 이 하얗고 삭막한 삶에서 너를 발견하는 일. 그보다 더 가치 있는 일은 또 없어. 삶을 이처럼 증오해 본 적이 없어서, 네 손의 주름을 모두 세어 보지 못해서, 이 겨울의 입김에 나는 완전히 무너졌다가 극단적으로 살아남는다. 나는 마른기침을 참아 가면서 너의 이름을 외롭게 외롭게 부르고 있는

데. 네가 듣지 못하거나 아예 몰라도 그 모두를 용서할 자신이 생겨서, 나는 이상한 허밍을 부르게 된다. 이 쓰디쓴 마음이 허물어질 때쯤엔 내게로 와. 막연하고 슬프고 아름다워서 가만히 너에게 취하는 시간. 네 모든 찰나를 사냥하러 온 나를 한눈에 알아봐 주기를.

 실은 나는 건강하게 살다가 단명하는 게 소원인 사람인데, 어쩌면 그 욕심도 나에겐 과하다는 생각이 들 때가 있다. 그와 달리 이르게 죽어야만 하는 결말을 갖고 태어난 사람들이 세상에는 제법 많지. 애초에 마음에 들이지 않으려고, 아주 많이는 사랑하지 않으려 애를 써도, 내 기우는 모두 그들의 순간에 살고 있다. 그럼에도 당신의 아픔을 미리 감지하지 못한 죄, 전지전능한 신도 어쩌지 못하는 당신의 우울, 무한히 증식하는 죽음의 그림자에서 당신을 방조한 것을 모르지 않아. 같이 살고자 한 마음이 같이 죽고자 한 마음으로 변질된 시발점들을. 여전히 이것밖에 안 되는 마음에는 그들을 담아서는 안 됐던 걸까. 상실과 결핍이 애틋하게 공존하는 마음으로는, 무엇도 사랑해서는 안 되는 걸까. 타락한 영혼, 본질을 잃어버린 서툰 몸짓, 예술가들, 11월에 태어나 갇혀 버린 우리들. 창백한 네 미소가 내내 고요했던 이유를 여태 몰라서 미안해지는 밤. 이 간극을 이해하지 못하는 사람들은, 전염병 환자를 다

루듯 우리를 내쫓거나 쏘아붙이겠지. 도처에서 후퇴만 거듭하는 무리에 내가 있고, 우리는 이로써 이미 실체를 잃어버린 것이나 다름없다. 나 자신을 방치하는 주제에 정작 죽이지 못한 이유를 하나하나 설명해야 하는 기분, 무엇에도 달콤해지지 않는 인생, 늘 나라는 인간을 곁에 두고 슬퍼만 해야 하는 사람들, 분열을 거듭해 그 수를 불리는 어둠의 다양체들, 그 모두를 이해하고 살 수는 없는 거야. 이미 신기루에 가닿은 사람들은 어떻게 살았기에 그럴 수 있나. 혹시 태초에 부여받은 생명력이란 게 각각 존재하는 걸까. 우리는 왜 자꾸 같은 덫에 걸리는 건지, 벗어나도 벗어나도 어떤 병든 정서는 영원히 버릴 수 없는지, 인적이 끊긴 분수대처럼 계속 홀로 견디는 연습을 하는 건지. 이미 마음에서 몇 번이나 죽였던 사람을, 나는 도대체 왜 이 분열의 쳇바퀴 속에서만 되새기는지 모르겠다. 부서지고, 울고, 흔들리는 모든 생명들을 끌어안을 수 있을 것 같은 마음은, 꼬깃꼬깃 구겨진 내 생에서 보기 드문 사명인 걸까. 내 목덜미를 물어도 좋고, 내 팔다리를 할퀴어도 좋다. 양껏 울다 고개를 들면 똑같은 이유로 자신의 자아를 먼저 살해해 본 자가 있다는 것을 꼭 알아주었으면. 나는 또 차곡차곡 그대들을 사랑할 명분을 쌓아 올린다. 건강하지 않은 마음으로도 인간을 오래오래 사랑할 수 있는 속성을 가진 사람이 되고 싶으니까. 누군가는 그 역할을 해야만 한다는 것을 깊이 깨우쳤으니까. 그래서 나의 모든 문장의 허두에는 그대들이 있다.

◆◆◆◆◆

 어떤 작가는 지구가 기억의 행성이라고 했다. 무수한 기억의 잔해들이 뇌의 어느 언저리에서 고철 덩어리처럼 굴러다니고 있는 것 같은 느낌이 들 때. 가끔 정말 뇌를 빼고 사는 건 어떨까, 조심스럽게 고민해 본다. 감당하기 힘든 기억을 안고도 매일 똑같은 하루를 살아가는 사람들은 대체 어디까지 견딜 수 있는 걸까, 그들도 그들만의 시를 쓰며 살아가고 있겠지, 그렇게 회전하는 세상. 왜 우리는 하필 인간으로 태어나서. 분무기나 이쑤시개나 젓가락으로 태어났으면 나는 내 생을 덜 불행하게 살 자신이 있었다.

 버림받기 싫어서 가짜 친절을 쥐어짜 내던 시절의 어느 새벽, 응급실에서 여덟 팩의 위세척을 당하고 오래오래 잠들어 있었지. 그날 나는 여러 번, 오랜 시간을 들여 버림받았다. 그때의 기억이 달가울 리도 없는데 나는 여전히 망각하는 법을 모른다. 생을 계속 살아 내기엔 내가 나에게 일어난 일을 너무 자세히 기억하고 있기 때문에, 나는 종종 그 많은 것 중 어떤 기억으로 살아야 할지 헷갈린다. 믿고 기댈 기억 하나라도 있으면 조금쯤 더 살아 볼 생각이다. 예를 들면 믿음처럼 두텁게 사랑받은 기억이나 내가 나인 게 싫지 않았던 시절에 대한 기억. 그런 것들이 있기도 하겠지. 다만 범람하는 고통을 이기는 힘이 부족해서, 오늘도 이렇게 막막한 기분이 들고. 그래서 쉬지 않고 시를 쓰며 달려왔고. 매사에 지는 게 마음이 편했던 적도 있어서, 그럴 때는 그냥 작정하고 폐허가 되어 버리자고 읊조릴 뿐. 변하지 않는 건 없었다, 심지어 나조차. 고양이들의 체온에 기대는 밤, 털을 쓸어 주다 보면 불안한 얼굴로 잠들어도 좋은 꿈에 이르겠지. 이런 존재들이 있으니 더 이상 뭔가를 원망하진 않으려고. 세상이 너무 고요하거나 마음이 추워지는 일에는 신물이 나…….

남은 것은 말도 안 되는 부패와 예술뿐이다.

타이피스트 시인선 012

너의 지옥으로 사뿐사뿐

1판 1쇄	2025년 11월 30일
지은이	김하늘
펴낸곳	타이피스트
펴낸이	박은정
편집	박은정
디자인	코끼리
출판등록	제2022-000083호
전자우편	typistpress22@gmail.com
ISBN	979-11-993653-8-4

ⓒ 김하늘, 2025.

° 책값은 뒤표지에 있습니다.
° 파본은 구입처에서 교환해 드립니다.
° 이 도서의 판권은 지은이와 출판사 타이피스트에 있습니다.
  양측의 서면 동의 없이 책 내용의 전부 혹은 일부의 재사용을 금합니다.